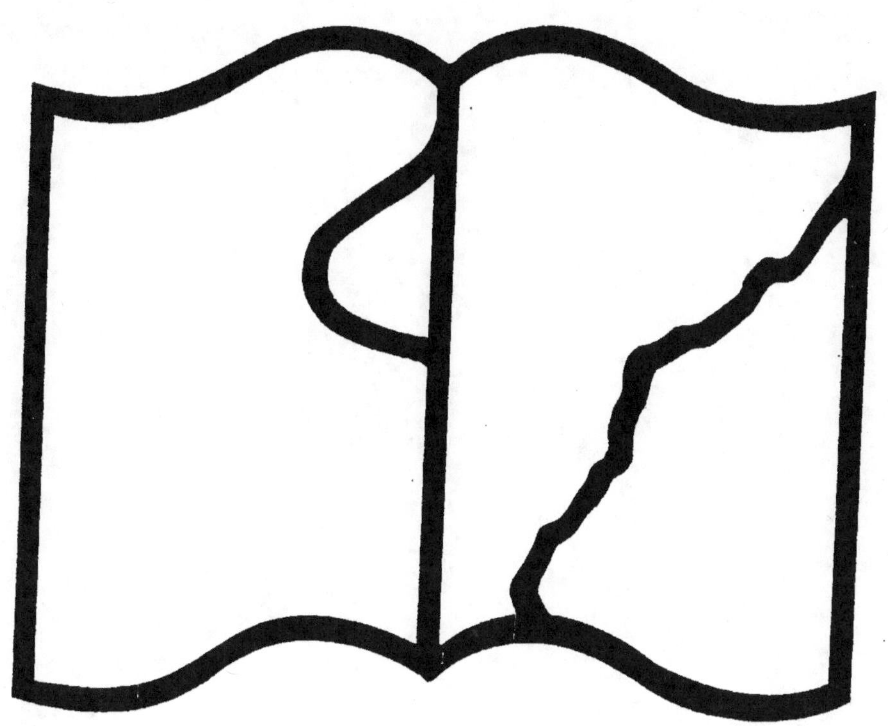

Texte détérioré — reliure défectueuse

NF Z 43-120-11

**Symbole applicable
pour tout,ou partie
des documents microfilmés**

INSTITUT NATIONAL DE FRANCE.

NOTICE HISTORIQUE

SUR LA VIE ET LES TRAVAUX

DE M. COLEBROOKE,

PAR M. C.-A. WALCKENAER,

SECRÉTAIRE PERPÉTUEL DE L'ACADÉMIE DES INSCRIPTIONS ET BELLES-LETTRES.

Lue dans la séance publique annuelle du 1ᵉʳ septembre 1848.

PARIS,

TYPOGRAPHIE DE FIRMIN DIDOT FRÈRES,

IMPRIMEURS DE L'INSTITUT, RUE JACOB, N° 56.

1848.

NOTICE HISTORIQUE

SUR LA VIE ET LES OUVRAGES

DE M. COLEBROOKE,

Par M. C.-A. WALCKENAER,

SECRÉTAIRE PERPÉTUEL DE L'ACADÉMIE DES INSCRIPTIONS ET BELLES-LETTRES.

Lue dans la séance publique annuelle du 1er septembre 1847.

PARIS,

TYPOGRAPHIE DE FIRMIN DIDOT FRÈRES,

IMPRIMEURS DE L'INSTITUT, RUE JACOB, 56.

1848.

NOTICE HISTORIQUE

SUR LA VIE ET LES OUVRAGES

DE M. COLEBROOKE,

Par M. C.-A. WALCKENAER,

SECRÉTAIRE PERPÉTUEL DE L'ACADÉMIE DES INSCRIPTIONS ET BELLES-LETTRES.

Lue dans la séance publique annuelle du 1er septembre 1848.

Dès les premiers temps de son existence, l'Académie des belles-lettres a compris que, pour donner des fondements solides à la critique historique, il fallait les asseoir sur la base la plus étendue, la plus universelle. La France, l'Europe, l'antiquité classique, les langues orientales bibliques, ne devaient pas suffire à ses investigations; ses premières séances furent souvent remplies par des recherches sur l'histoire et la littérature de la Chine, carrière nouvelle ouverte à l'érudition par de savants missionnaires français.

Bientôt après, un des membres de la compagnie lui apporta les premiers tributs des connaissances qu'il avait acquises, par de périlleux voyages et de profondes études, sur

les langues et la religion des plus anciens peuples de la Perse
et de l'Inde. Les conquêtes des Anglais dans cette dernière
contrée leur facilitèrent les moyens de connaître le dialecte
sacré des brahmanes, et de soulever le voile qui dérobait
depuis tant de siècles, à l'Occident, les monuments de la littérature sanscrite.

Pour témoigner sa sympathie envers ceux qui exploraient
cette abondante mine de richesses littéraires, l'Académie n'at-
tendit pas qu'elle possédât dans son sein des émules de leur
renommée. Le 7 février 1802, elle s'associa François Wilford,
de Calcutta, et, le 10 décembre 1814, le célèbre Wilkins.
Avant même que le monde savant eût perdu cet illustre Indianiste, l'Académie voulut s'adjoindre celui qui, au juge-
ment de tous, par l'étendue de son savoir, la sûreté de sa critique, la profondeur de ses recherches, s'était placé au premier rang dans cette branche de l'érudition.

Le 30 décembre 1831, Henri-Thomas Colebrooke fut
nommé membre associé de l'Académie des inscriptions et
belles-lettres.

Né à Londres le 15 juin 1765, il était le septième et dernier enfant de sir Georges Colebrooke, baronnet, qui fut
longtemps président de la compagnie des Indes anglaises.
Aucun collége, aucune école ne peut se vanter d'avoir parti-
cipé à l'éducation de Henri-Thomas Colebrooke : elle s'acheva
en peu de temps sous le toit paternel. Cette éducation do-
mestique, dont il fut toujours le partisan, produisit chez lui
des fruits préférables à tous ceux de la science. Ni la distance
des lieux, ni une séparation qui dura presque toute sa vie,
ne purent affaiblir cette piété filiale, ces fraternelles amitiés,
dont le souvenir des soins donnés à son enfance et le bon-

heur de ses premières années avaient imprégné son cœur.
Jamais il ne laissa languir cette correspondance, qui entre-
tenait toujours vives et fortes les affections de famille. Les
lettres qu'il a écrites à son père sont les dépositaires de ses
plus tendres sentiments, de ses plus secrètes pensées. Plusieurs ont été publiées par son fils, et par elles nous pouvons
suivre avec sûreté, à travers les péripéties d'une longue carrière de travaux littéraires et d'ambitieuses poursuites, les
développements successifs de cet éminent esprit.

S'il est incontestable que notre éducation dépend du pays
où nous la recevons; si les impressions produites en nous
par les personnes et les choses qui nous environnent exer-
cent la plus grande influence sur nos premières inclinations,
on peut dire que les Français doivent réclamer la plus forte
part de l'éducation de Colebrooke. Il avait douze ans lorsque
sa famille vint résider en France; et quand il retourna avec
elle dans son pays natal, sa seizième année était accomplie.

Ce fut à cet âge que son père résolut de l'envoyer dans
l'Inde pour y commencer sa fortune. Il ne doutait nulle-
ment de son rapide avancement dans les emplois auxquels il
le destinait. Depuis un an, il l'avait séparé du précepteur et
des maîtres qu'il lui avait donnés, et le jeune homme n'en
avait pas moins continué, pendant ce temps, à se livrer
avec ardeur à toutes les études auxquelles on l'avait initié.
Sa raison paraissait donc aussi précoce que sa prodigieuse
aptitude à tout apprendre, à tout retenir. Il lisait alors facilement les auteurs classiques grecs et latins, il savait le
français et l'allemand; mais il montrait un penchant pro-
noncé et un génie particulier pour les mathématiques et la
physique, pour les sciences de calcul et d'observation.

Nommé, à l'âge de dix-sept ans, commis dans le service ci-
vil de la compagnie des Indes anglaises au Bengale, Colebrooke se rendit, en 1782, à Portsmouth, où il devait s'embarquer. Là, le 19 août, il contemplait, dans la rade de
Spithead, le plus beau vaisseau de la marine anglaise, *le
Royal-Georges*, de 108 canons, prêt à partir; spectacle nou-
veau pour lui. Aucun nuage n'obscurcissait les rayons du
soleil, la mer était calme et brillante. Colebrooke se détourne
un instant pour parler à un ami, qui tout à coup s'écrie :
Où est le *Royal-Georges?* Colebrooke regarde : le *Royal-
Georges* avait disparu... il s'était enfoncé subitement. En
quelques minutes, avaient péri dans les flots plus de neuf
cents personnes. Parmi elles, trois cents femmes et enfants
venaient d'arriver, les mains pleines de fleurs et d'utiles
présents, pour recevoir de leurs pères, de leurs frères, de
leurs maris, de leurs amants, avant de s'en séparer, les em-
brassements du départ. Quelques marins, qui se trouvaient
sur le pont, purent seuls se sauver à la nage; le brave
amiral Kempenfeldt, qui était à bord, et se préparait à com-
mander la manœuvre, ne fut pas de ce nombre.

Cet étrange sinistre, si tristement célèbre, causé par la
négligence d'un charpentier, n'empêcha pas Colebrooke de
s'embarquer sur un vaisseau de la flotte anglaise qui devait
ravitailler Gibraltar, alors assiégé par les escadres combi-
nées de la France et de l'Espagne. Cette destination du vaisseau qui le portait ralentit son voyage. Colebrooke en profita pour multiplier sur la mer Atlantique des observations
qu'il avait projetées avant son départ, et pour lesquelles il
avait apporté avec lui les instruments nécessaires. Il cota
exactement la température de la mer à sa surface, celle de

l'atmosphère qui l'environne, l'état hygrométrique de l'air, la direction des vents et des courants, avec toute l'habileté d'un physicien exercé. Lorsqu'à d'autres époques il eut occasion de traverser cette mer, il répéta encore deux fois ces mêmes observations; mais il ne les fit connaître que longtemps après les avoir complétées (1). Colebrooke était un de ces êtres d'élite, passionnés pour la recherche du vrai en toutes choses, qui, par une sorte d'intuition, aperçoivent quels sont les faits primordiaux d'où dépend la solution des grands problèmes, et qui, en se livrant à leurs profondes méditations, cèdent plutôt au besoin de se satisfaire eux-mêmes, qu'au désir de se faire une réputation. Pour parvenir dans les hauts grades de sa profession, Colebrooke, entraîné malgré lui dans le domaine de la philologie et de l'érudition, ne publia que très-tard, et uniquement pour céder aux instances des rédacteurs de recueils périodiques, quelques courts essais sur des sujets scientifiques, dont il fut souvent préoccupé à différentes époques de sa vie. Telles sont ses *Expériences sur l'expansion des fluides liquides et gazeux*, ses *Hypothèses sur la structure de la terre et sur les causes de la profondeur variable de l'Océan*, et d'autres de moindre importance (2).

---

(1) *Meteorological Observations in a Voyage across the Atlantic*, dans le Quarterly Journal of Science and Literature, 1823, vol. xiv, p. 115-141.

(2) *On Fluidity, and an Hypothesis concerning the Structure of the Earth*, ibid., 1820, vol. ix, p. 52-61.

On the Climate of South Africa, ibid., vol. xiv, p. 241-254; 1823.

Description of two Micrometers, designed and used as Pyrometers,

Arrivé à Calcutta, Colebrooke y fut reçu dans la maison
de son frère, sir Édouard, qui l'avait précédé dans ce pays.
Aux premières nouvelles que ce dernier transmit à son père
sur la conduite de son frère, sir Georges Colebrooke crut
que les grandes espérances qu'il avait conçues sur son fils
Henri allaient s'évanouir; et il se repentit de l'avoir exposé,
sous le climat de l'Inde, à tous les écueils d'une indépen-
dance prématurée, dans toute l'effervescence de l'âge. Sans
nul souci de remplir les devoirs de son emploi, Henri, sourd
aux conseils de sir Édouard, affectait dans sa toilette une
richesse et une élégance qui contrastaient avec la simplicité
de celle de ses compatriotes. En peu de temps, les attraits
de la société corrompue de Calcutta semblaient avoir dé-
truit en lui les bons effets de l'éducation : le jeu, la chasse,
d'irrésistibles séductions, lui faisaient négliger tous ses devoirs. Cependant, comme en Europe, il consacrait encore
de longues heures à l'étude, mais sur des matières qui
l'intéressaient seul, et qui ne pouvaient en rien, disait sir
Édouard, le rendre utile à la compagnie. Telles étaient la
vénération et la tendresse que sir Georges Colebrooke avait
inspirées à son fils Henri, que ses lettres suffirent pour donner à ce jeune homme la force de se vaincre, et de réprimer
en lui les mauvaises passions. Celle qu'il avait pour la chasse

---

dans le Quarterly Journal of Science and Literature, vol. vi, p. 230-236 ;
1819.

An Hypothesis to account for the Variable Depth of the Ocean, ibid.,
vol. vi, p. 236-242 ; 1819.

*Account of the Method of preparing a Black Resinous Varnish used at
Silhet in Bengal*, ibid. vol. x, p. 315, 316; 1821.

s'en accrut; il la conserva jusque dans l'âge le plus avancé.
Lorsqu'alors on voulait s'entretenir avec lui des ouvrages qui
lui avaient acquis une si belle réputation, il s'en montrait
peu satisfait, et abrégeait la conversation; mais si on lui
parlait de chasse, sa mémoire était intarissable, et il aimait à
raconter les prodiges de son adresse.

Ferme dans ses résolutions, Colebrooke poursuivit avec
ardeur ses études habituelles. Il fit venir d'Europe une
collection complète des auteurs grecs et latins, et transmit
à son père le plan du travail qu'il s'était prescrit. Son père
n'approuva pas ce plan. Il lui recommandait de s'acquit-
ter exactement de ses fonctions dans le bureau des comptes, d'accorder plus de temps à l'étude du persan et de
l'hindoustani, ces deux langues interprètes de tous les peuples de l'Inde. Colebrooke résista; il demandait à son père,
tantôt de lui faire avoir on ne sait quel emploi auquel, disait-il, la connaissance de la langue et des manières de la
France le rendait propre; tantôt de le rappeler en Europe,
et, s'il voulait absolument qu'il continuât à résider encore
quelque temps dans l'Inde, de lui permettre de s'y faire
le fermier d'un domaine. Il lui déclarait que ses occupations
dans le bureau des comptes étaient trop fastidieuses pour
qu'il pût s'y assujettir, et que, d'ailleurs, tous ses compatriotes qui venaient d'Angleterre à Calcutta affichaient un
tel mépris pour les employés civils de la compagnie, qu'il
lui était impossible de rester plus longtemps engagé dans
ce service.

De tous les faits de l'histoire, le plus étonnant est celui de
cette association d'un petit nombre de capitalistes et d'aven-
turiers qui, sans autres liens qu'un intérêt commun, fon-

2.

dèrent, vers les dernières années du XVII* siècle, la *Compagnie des Indes anglaises*. La génération qui nous a précédés fut témoin de ses faibles commencements; et, de nos jours, au milieu de tant de révolutions et des causes qui semblaient conjurer sa perte, nous l'avons vue grandir, grandir dans d'immenses proportions; couvrir les mers de ses flottes; faire trembler l'Asie par la marche de ses armées; donner aux nations de nouveaux besoins, de nouvelles idées, de nouvelles institutions; et établir enfin sa pacifique domination sur quatre-vingt-dix-neuf millions de sujets. Tel est le prestige de cette grande abstraction représentée par ces mots, *the East India Company*, la Compagnie des Indes anglaises, que, dans la dernière charte qui lui a été concédée, pour rattacher plus solidement cette puissante colonie à la mère patrie, l'Angleterre a jugé à propos de se faire le fermier des revenus de la compagnie; de lui garantir l'intégralité de son capital; d'isoler ainsi son administration des préoccupations des intérêts individuels trop étroits et trop mercantiles, mais de lui laisser son titre, son nom, ses priviléges, son gouvernement. Pour la maintenir dans une juste dépendance, l'Angleterre s'est contentée de décider que les principaux ministres de la couronne feraient partie du bureau du contrôle de la compagnie (*the Board of Control*). Et ce bureau du contrôle n'est pas, qu'on le sache bien, une création de la dernière charte; il existait depuis longtemps. De sorte qu'il semble que ce n'est pas la compagnie qui se trouve réunie à la couronne d'Angleterre, mais que c'est la couronne d'Angleterre qui s'est annexée à la compagnie. Par cette forte organisation, elle rend au gouvernement dont elle émane toutes les forces qu'elle en reçoit.

(13)

Il n'en était pas de même lorsque Colebrooke suppliait
son père de ne pas lui laisser plus longtemps subir la honte
de l'emploi subalterne qu'il occupait au Bengale. Warren
Hastings avait considérablement accru les domaines de la
compagnie, ses richesses et sa puissance ; mais il s'était rendu
indépendant des délégués de la mère patrie, il s'était sous-
trait, en les trompant, à leur autorité légale ; ses concus-
sions, son violent despotisme, sa politique habile, mais
trop souvent atroce, avaient fait éclater contre lui, dans le
parlement d'Angleterre, ce terrible acte d'accusation par lequel l'éloquence de Burke souleva d'indignation tous les
cœurs généreux, et couvrit de mépris tous les agents de la
compagnie. Le jeune Henri se révoltait contre la nécessité de
rester sous le poids de cette humiliation. Il fallut toute
l'autorité qu'avait sur lui son père pour l'engager à patien-
ter encore.

En effet, bientôt après, Hastings fut révoqué ; lord
Cornwallis fut nommé gouverneur général. Pitt, par son
bill de 1783, fit prévaloir d'utiles réformes dans l'administration de la compagnie, et la réconcilia avec le gouvernement et avec l'opinion publique.

Ce fut dans ces circonstances que Henri Colebrooke,
après trois ans de séjour à Calcutta, fut nommé adjoint au
collecteur des impôts dans le district de Tirhout, au nord-
ouest de la province de Behar, un des pays les plus salubres
et des mieux cultivés de l'Hindoustan. Il est rare qu'un premier changement de fortune ou de situation ne fasse pas va-
rier les projets et la volonté. De cette époque date pour
Colebrooke une de ces résolutions dont l'influence s'étend
sur toute la vie, quand aux forces nécessaires pour la mettre

à exécution, on joint l'énergie du caractère, qui la rend iné-
branlable.

Comme collecteur d'impôts, Colebrooke appartenait à
cette branche du gouvernement de la compagnie que l'on
nomme la *dewanny*, qui avait dans ses attributions non-seulement les finances, mais encore la police, la justice et les
négociations. Colebrooke comprit ce que, au milieu de po-
pulations si différentes entre elles par leur origine, leur religion, leurs lois, leurs mœurs et leurs habitudes, de telles
fonctions demandaient d'étude et d'application, de connaissances variées ; et combien peu de ceux auxquels elles étaient
confiées étaient capables de les remplir de manière à faire
prospérer le pays, en accroissant en même temps les revenus de la compagnie. Persuadé que le meilleur moyen de se
concilier l'appui des hommes du pouvoir est de faire en sorte
qu'ils trouvent leur intérêt à vous être utiles, il résolut de
s'élever par son seul travail, de grade en grade, jusqu'au
plus haut rang des agents de la compagnie ; il ambitionna
d'être un jour appelé dans le conseil siégeant à Calcutta.
Pendant dix ans qu'il fut successivement collecteur adjoint
à Tirhout, ensuite à Pourniah, et enfin en chef à Nattore, il
s'acquitta des fonctions de son emploi avec la plus scrupu-
leuse exactitude, et s'appliqua avec ardeur à acquérir toutes
les notions qui pouvaient lui être utiles, afin de les bien remplir. Il mit à profit, pour atteindre ce but, ses heures même
de distraction. Sa passion pour la chasse, qui l'entraînait
dans des courses souvent répétées et lointaines, sur toute
la surface du pays, dans les parties les plus montagneuses,
les plus désertes et les plus sauvages, fut pour lui un moyen
puissant d'instruction. Il interrogea les habitants, et con-

nut leurs mœurs, leurs besoins, leurs habitudes, leurs
préjugés; il observa les différentes espèces de culture, le
sol, les productions végétales et animales : et comme il était
dans sa nature de toujours approfondir les sujets qui atti-
raient son attention, en ne voulant qu'être bon administrateur, il devint savant géologue, botaniste, zoologiste. Ce ne
fut que vingt-cinq ans plus tard que quelques-uns des résultats de ses études sur toutes les branches de l'histoire
naturelle ont vu le jour, et qu'ont été consignés dans des
recueils scientifiques ses *Mémoires sur les monts Himalaya* (1), *sur la vallée de Setlej* (2), *sur les sources du
Gange* (3), *sur la géologie de la frontière nord-est du Bengale* (4), ses *Observations sur les monts Vindhya*, qui sépa-
rent le Dekhan de l'Hindoustan septentrional, contenues
dans le récit d'un voyage où il parcourut une route de
400 milles, qui n'avait été pratiquée par aucun Euro-

---

(1) *On the Height of the Himalaya Mountains*, Asiatic Researches, in-4°.
vol. XII, p. 251-285 ; 1816.

On the Height of the Himalaya Mountains, Quarterly Journal of Science
and Literature, vol. VI, p. 51-66, 230-242 ; 1819.

On the Limit of Constant Congelation of the Himalaya, Quarterly Journal
of Science and Literature, vol. VII, p. 38-43; 1819.

On the Height of the Dhawalagiri or White Mountain of Himalaya,
Quarterly Journal, vol. XI, p. 240-247; 1821.

(2) *On the Valley of Setlej river in the Himalaya Mountains;* Transactions of the Geological Society, vol. I, p. 124-131, lu le 1ᵉʳ décembre 1820.

(3) *On the Sources of the Ganges in the Himadri or Emodus*, Asiatic
Researches, vol. XI, p. 429-445; 1810.

(4) *On the Geology of the North-eastern Borders of Bengal*, Transactions
of Geological Society, vol. I, seconde série, p. 132-137, lu le 5 janvier 1821.

péen (1). De toutes les sciences naturelles, celle qu'il préfé-
rait à toutes les autres, c'était la botanique; et on s'en aper-
çoit assez par les mémoires publiés par lui sur cette science,
qui ne sont qu'une portion de ses travaux en ce genre (2).

---

(1) *Journal of a Journey to Nagpoor*, Asiatic Annual Register, 1809,
in-8°. Ce voyage, quoique très-court, est important pour la géographie
de l'Inde; il a été mal indiqué par M. Colebrooke fils, à la fin de sa Notice;
il est dans l'*Asiatic Annual Register* de 1809 ; mais dans ce volume il fait
partie des *Miscellaneous Tracts* de l'année 1806; il est anonyme, et, dans
une notice sur Colebrooke, le titre, quoique long, doit être donné en
entier :

*A Narrative of a Journey from Mirzapour to Nagpour by a Route never
before travelled by any European in* 1798-99, *by a Member of the Asiatic
Society eminent for extensive acquirements in every branch of literature.*

(2) Il a, le premier, bien décrit la plante qui donne l'encens et celle
qui produit le camphre. Il parle dans ses lettres d'un Traité critique des
plantes indiennes, qui était, disait-il, fort avancé, mais qui n'a point paru.
Il eut beaucoup de part, ainsi que nous l'apprenons par ses lettres, à la
Flora indica de Roxburgh, quoique cela ne soit pas dit dans la préface de
cet ouvrage, qui fut publié à Serampore en 1832, après la mort de l'auteur. Voici la liste des mémoires de botanique auxquels Colebrooke a
mis son nom :

On Olibanum and Frankincense, Asiatic Researches, vol. ix, p. 377-382;
1807.

On the Dryobalanops Camphora or Camphor-tree of Sumatra, Asiatic
Researches, vol. xii, p. 535-541; 1816.

Description of Select Indian Plants, vol. xii, p. 351-361, Transactions
of the Linnean Society ; lu le 10 avril 1817.

On Indian Species of Menispermum, Transactions of the Linnean Society, vol. xiii, p. 351-361 ; lu le 2 novembre 1819.

On Boswellia and certain Indian Therebinthaceæ, Transactions of the
Linnean Society, vol. xv, p. 355-370; lu les 4 et 18 avril 1826.

Les rapports qu'il envoyait à Calcutta étaient tellement supérieurs à ceux que l'on recevait de ses collègues, qu'il s'acquit la réputation d'un très-habile administrateur. Mais s'il avait l'approbation de ses chefs, ses chefs n'avaient pas la sienne; et il était entièrement opposé aux principes d'après lesquels le gouvernement de la compagnie conduisait les affaires. Ce fut alors qu'il rédigea ses *Remarques sur l'agriculture et le commerce du Bengale* (1). Cet ouvrage si court et si substantiel est, de tous ceux que Colebrooke a composés, le plus digne de louange, puisqu'il a été le plus utile. Les vues de l'auteur sur l'abolition du monopole, l'éducation des Hindous, la meilleure manière de lever l'impôt, les encouragements à donner à certaines espèces de cultures, et les moyens de les perfectionner toutes, ont été adoptés depuis, au grand avantage du pays et de la compagnie ; mais la compagnie n'en fut pas satisfaite, et, pour cette première publication, Colebrooke fut menacé de se voir écarter de sa carrière. Cependant il n'avait pas mis son nom à cet ouvrage, et il avait eu soin de le faire tirer à un très-petit nombre d'exemplaires : il ne voulait pas même qu'il parût ; ce fut un de ses amis, nommé Lambert, qui, ayant eu une grande part au chapitre sur le commerce, le contraignit en quelque sorte de le mettre au jour. Si cet écrit eut peu de succès à Calcutta, il en eut beaucoup à Londres, où on le réimprima.

C'est à Colebrooke qu'on doit la meilleure description du bœuf de l'Inde, qu'on nomme gayal : *Description of a Species of Ox named Gayal*, Asiatic Researches, vol. VIII, p. 487-501.

(1) *Remarks on the Present State of Husbandry and Commerce in Bengal*, in-4°, Calcutta, 1795. Colebrooke retoucha cet ouvrage pour l'édition de 1803 ; il fut encore réimprimé en 1806.

3

Sir Georges Colebrooke, auquel son fils communiquait toutes ses idées sur les affaires de l'Inde, qu'alors on agitait dans le parlement d'Angleterre, le pressa de composer sur ces matières de nouveaux traités, pour former l'opinion publique. Henri s'y refusa, alléguant que la compagnie était trop attachée à ses priviléges pour se rendre à ses raisonnements, et qu'il ne se croyait pas assez de talent pour convaincre le public.

Il reçut bientôt le prix de cette prudente conduite, et fut nommé Adawlout, c'est-à-dire président de la cour de justice, à Mirzapour. Il avait à ce titre le pouvoir judiciaire et l'administration de la haute police; et depuis qu'on avait séparé le département financier de celui de la justice, beaucoup d'autorité, de considération et d'honneur s'attachait à cette place : mais elle ne laissait à Colebrooke que peu de moments de loisir : il avait, en nombre moyen, trois cent cinquante-cinq causes par mois à juger, et beaucoup de décisions à donner sur les affaires journalières. Ce fut aussi pendant qu'il était dans cette résidence de Mirzapour, que le marquis de Wellesley l'envoya comme négociateur auprès du sultan de Nagpour. Tant d'occupations diverses ne lui laissèrent plus le temps nécessaire pour un travail suivi; et il chercha des distractions dans les ouvrages des poëtes et des romanciers. Toute sa vie il aima ce genre de lecture, et on ne pourrait s'en douter lorsqu'on a pris connaissance de tout ce qu'il a écrit : sa phrase est correcte, concise, mais dépourvue de toute parure, et il évite avec soin les expressions figurées. Il faut donc croire qu'éprouvant le besoin de vivre par toutes les facultés de l'intelligence, et habitué, dans l'exercice de la pensée, à comprimer l'imagina-

tion comme la plus perfide ennemie de l'exactitude de ses
travaux, il demandait, à ceux qu'elle a doués de sa magique
puissance, de ranimer en lui ses forces assoupies. Ce qui est
certain, c'est qu'il était d'une sensibilité extrême, et que les
fictions même faisaient sur lui une impression si vive et si
durable, qu'il fut obligé de renoncer à la lecture des drames
ou des récits tragiques. Son père, qui pour les affaires de l'Inde,
objet de sa constante sollicitude, trouvait en lui une lumière
toujours prête à l'éclairer sur tout ce qu'il désirait connaître,
voulait qu'au persan, qu'à l'arabe et aux autres langues orientales dont il s'était rendu maître, Colebrooke joignît la connaissance du sanscrit : il l'interrogeait sur l'histoire ancienne
de l'Inde, et sur des matières souvent débattues par les savants;
mais Colebrooke ne répondait pas à ces questions, et ne paraissait pas disposé à se mettre en mesure d'y répondre. Il se
défiait de ces Pandits, faussaires impudents qui faisaient
composer des livres anciens par des auteurs modernes, et
altéraient les ouvrages antiques par des interpolations
mensongères. Il lui semblait impossible de soumettre à
une critique solide les traditions historiques et la monstrueuse mythologie de ces brahmanes orgueilleux, qui, pour
reculer l'antiquité de leur race, bouleversent la chronologie
de tous les peuples, sans pouvoir établir la leur ; accumulent
des milliards de siècles vides de faits, et établissent dans l'histoire le chaos et l'infini. Pas un seul jalon n'apparaît à cet
horizon sans limites, pas un seul phare ne brille sur cet océan
sans rivages.

Cependant Colebrooke, pressé de répondre aux demandes
de son père sur le choix de ses lectures relativement à la
science des brahmanes, lui conseilla de s'en tenir à la traduc-

3.

tion faite sur l'original sanscrit du Bhagavad-Gita, par Wilkins; et, pour lui donner une haute opinion du savoir de cet indianiste, il ajoute, en faisant allusion à la signification du mot sanscrit : « Ce *gentleman* est vraiment fou sanscrit », c'est-à-dire fou accompli.

Le moment n'était pas éloigné où Colebrooke allait se préparer à devenir un plus grand fou de cette espèce. Il voulait perfectionner le mode de la levée du tribut que la compagnie prélève sur les cultivateurs hindous, et le rendre à la fois moins oppressif et plus productif; et il entreprit des recherches sur les impôts établis dans le Bengale, par les souverains de l'Inde, avant les changements opérés par l'administration anglaise. Pour ce travail il employa l'algèbre, et fut ainsi conduit à des formules qui lui facilitèrent la solution des problèmes qu'il avait à résoudre. Sa surprise fut grande de voir, dans deux traités d'algèbre composés par des Hindous, ces mêmes formules qu'il se félicitait d'avoir trouvées. Le plus ancien de ces traités contenait précisément les équations de l'ordre le plus élevé, et il résultait, de l'âge bien connu de l'auteur, que non-seulement les mathématiciens hindous de la fin du VIe siècle savaient l'algèbre, mais même qu'ils s'étaient avancés dans cette science, dès cette époque, à l'égal des grands mathématiciens d'Europe du commencement du XVIIe siècle. Colebrooke désirait vivement avoir une traduction de ces traités; mais ils étaient écrits en sanscrit, et les savants du pays qui connaissaient le sanscrit ne savaient pas assez d'algèbre pour le bien comprendre; et lui, qui connaissait l'algèbre, ignorait le sanscrit. Ce fut là le motif qui, après onze ans de séjour dans l'Inde, lui inspira un vif désir d'apprendre cette langue. Deux fois il

commença cette tâche , et deux fois il y renonça. Mais Colebrooke était un de ces hommes que les difficultés irritent, et
ne peuvent décourager. Il revint à cette étude une troisième
fois, et avec une telle application, qu'il y fit en peu de temps
de rapides et prodigieux progrès, surtout à Mirzapour, dans le
voisinage du Gange. Là, pendant toute une saison, il ne pouvait franchir l'enceinte de sa cour; et un vaisseau de ligne aurait pu naviguer sur les champs qui entouraient sa demeure,
couverte par l'inondation du fleuve. Le sanscrit, cette langue
douce, grave, concise, si régulière qu'elle semble avoir été
inventée par des grammairiens et des philosophes, charma
Colebrooke; les rapports intimes qu'il y trouvait avec le
persan , l'ancien germain, le grec, le latin, le surprirent; il
se passionna pour cette littérature mystérieuse qu'il avait si
longtemps dédaignée; il voulut enfin se rendre compte, par
lui-même, des questions tant agitées sur l'antiquité de la
civilisation chez les Hindous, sur l'immutabilité de leurs
mœurs, de leur religion; et ce qui redoublait son application , c'est qu'il discerna promptement la grande utilité
des nouvelles connaissances que cette étude lui procurait,
pour remplir avec plus de facilité ses fonctions de juge.
Il profita du voisinage de Bénarès, et fréquenta de savants
et judicieux pandits de cette ville, qui le firent revenir de
ses préventions; et eux aussi furent étonnés de mieux comprendre certains passages de leurs auteurs, après leurs entre-
tiens avec ce savant d'Europe.

Sir William Jones, qui avait su apprécier le savoir de
Colebrooke, le pria de concourir au recueil des Mémoires de
la Société asiatique de Calcutta. Dans les premiers mémoires
de Colebrooke qui furent insérés dans ce recueil, comme

dans tous ceux qu'il publia depuis, on remarque ce sobre
emploi de l'érudition qui distingue le véritable érudit de celui
qui ne cherche qu'à le paraître. Colebrooke comprit qu'un
peuple qui, après tant d'invasions, tant de révolutions, tant
de siècles écoulés sous des dominations étrangères, avait
conservé sa nationalité, son organisation, sa langue primi-
tive, les monuments de sa civilisation, ne pouvait être com-
paré à aucun autre; et que ce n'était que dans ces monuments seuls qu'on pouvait espérer de retrouver les traces de
son antique existence, et y puiser les connaissances de sa
religion, de ses lois, de ses mœurs et de ses institutions.

Dans tout ce qu'il a publié sur de tels sujets, il puise les
notions dont il a besoin dans les livres des Hindous, dans les
auteurs qui ont écrit dans cette langue ancienne et savante
de l'Inde, dans le sanscrit. Il fait connaître ces auteurs,
l'époque où ils ont vécu, le degré d'autorité de chacun d'eux ;
il transcrit et classe les paragraphes de leur texte qui éclair-
cissent ses recherches; il les traduit, il les commente de
manière à en déterminer le véritable sens, et se contente
d'enregistrer en quelque sorte, sans discussions, sans con-
jectures, les résultats qui en dérivent. C'est ainsi qu'il a fait
luire sur les questions les plus obscures une lumière vive,
exempte de tout reflet étranger au foyer dont elle émane.

Mais il eut bientôt à exercer son savoir dans la langue
sanscrite, par une tâche plus laborieuse que celle de rédiger
des dissertations sur des questions curieuses d'histoire et de
littérature indienne. La compagnie, pour affermir sa domination dans l'Inde, travaillait à améliorer son administration,
et voulait l'asseoir sur ces deux bases de tout bon gouvernement, la force et la justice. Moraliser l'armée et la rendre

satisfaite de sa condition; organiser des tribunaux assez
éclairés pour rendre des arrêts équitables et conformes aux
lois religieuses, civiles ou criminelles, qui régissaient les
différentes races d'hommes du pays soumis à leur juridic-
tion : telle était la pensée qui préoccupait le plus alors le
gouvernement de la compagnie. C'est pour la réaliser que
sir William Jones avait entrepris de réunir en un seul corps
les recueils originaux des lois hindoues, et de les faire tra-
duire en anglais. Sir William Jones mourut le 4 juin 1794,
lorsque cette traduction était à peine commencée. Par sa connaissance des lois et du sanscrit, l'adawlout de Mirzapour
fut jugé le seul capable d'achever une telle entreprise. On la
lui proposa, et on l'invita à se rendre à Calcutta, où tous les
secours lui seraient prodigués. On lui assurait une très-forte
somme en payement de son ouvrage lorsqu'il serait achevé,
et on devait créer pour lui une chaire de sanscrit, largement
rétribuée. Colebrooke, qui avait déjà fait, pour sa propre instruction, du recueil des lois hindoues l'objet d'une étude
particulière, comprenait mieux que personne l'importance et
l'utilité d'une telle œuvre, et désirait s'en charger : cependant
il refusa. Les propositions qui lui étaient faites tendaient à lui
enlever son rang et son pouvoir, et à faire de lui un homme
purement littéraire, au service de la compagnie. Cela n'entrait
pas dans le plan de vie qu'il s'était tracé. Nous avons déjà dit
qu'en entrant dans l'administration, il s'était proposé de ne
la quitter que lorsqu'il serait parvenu au grade le plus élevé.
Il offrit donc en restant à Mirzapour, et sans négliger un seul
jour les devoirs de sa présidence, de commencer le travail
de cette traduction, et de le continuer gratuitement jusqu'à
ce qu'on eût trouvé quelqu'un qui pût s'en charger. On ac-

cepta son offre, on le laissa faire. Au bout de deux ans il alla présenter au gouvernement et au conseil de la compagnie l'ouvrage demandé entièrement terminé, c'est-à-dire le *Digeste des lois hindoues, traduit en anglais sur les originaux sanscrits.* On l'imprima l'année suivante, et il parut à Calcutta en quatre volumes in-folio (1), auxquels, longtemps après, Colebrooke ajouta les traductions de deux anciens traités hindous sur les héritages, et un autre sur les cours de justice hindoues.

On ne se contenta pas de donner de grands éloges à l'auteur d'un si beau et si utile travail, exécuté en si peu de temps; on lui offrit une rémunération pécuniaire proportionnée au service qu'il avait rendu. Il ne l'accepta pas; et ce refus ne fut pas chez lui l'effet du désintéressement. Dans la carrière administrative et judiciaire il avait des rivaux puissants, et il voulut intéresser la justice de la compagnie à récompenser ses services d'une manière plus digne de lui, et plus utile pour elle.

Il ne se trompait pas dans les calculs de son ambition. Une haute cour d'appel fut créée en 1801, pour décider en dernier ressort sur les affaires financières et les contestations judiciaires (*Sudder-Dewanny* et *Nizamut-Adawlut*). La voix

---

(1) *A Digest of Hindu Law, Contracts and Successions, with a Commentary by Jagannat'ha Tercapanchanara, translated from the Original Sanscrit,* 4 vol. in-folio; Calcutta, 1798.

Translations of Two Treatises of the Hindu Law of Inheritance, or of the Dayabhuge of Jimutavahana and Yajriyavalkya; Calcutta, 1810.

On Hindu Courts of Justice, dans les Transactions of the Royal Society, vol. II, p. 166-196, lu le 24 mai 1828.

publique portait Colebrooke à la présidence de ce haut tribunal, et il y fut nommé. Quatre ans plus tard (1805), il devint membre du conseil suprême : il avait atteint ainsi le terme de ces espérances. Peut-être il n'y serait jamais parvenu sans ces études sur le sanscrit, auxquelles il se refusa si longtemps.

Comme ce sont surtout ses travaux sur la langue et la littérature sanscrites qui l'ont rendu célèbre, il est nécessaire d'en faire une revue rapide, et de mentionner les ouvrages fort courts, mais tous importants, qu'il a publiés en ce genre. Pour en donner une idée exacte, nous suivrons, mais seulement en partie, l'ordre selon lequel il les a rangés, lorsque, dans la dernière année de sa vie, il en forma un recueil, sous le titre modeste d'*Essais divers* (1).

Sa nomination à la présidence de la haute cour le forçait de résider à Calcutta ; on profita de cette circonstance pour lui donner le titre de professeur de sanscrit au collége de cette ville. Il ne voulut pas que ce titre fût purement honorifique ; et comme il ne pouvait pas faire de cours, il composa plusieurs ouvrages de grammaire et de philologie sanscrite, pour l'usage des professeurs et des élèves du collége.

Dans son *Essai sur les langues sanscrites et pracrites*, il fit connaître les différences qui existent entre le sanscrit pur, ayant une grammaire régulière et parfaite, le sanscrit mêlé de dialectes vulgaires, ayant une grammaire irrégulière, et le sanscrit populaire et corrompu, qui n'est qu'un jargon (2).

---

(1) Miscellaneous Essays by H. T. Colebrooke, 2 vol., London, 1837.

(2) *On the Sanscrit and Pracrit Languages*. Miscellaneous Essays, t. ii, p. 1-34 ; London, 1837, in-8°. Asiatic Researches, vol. vii, p. 199-231 ; 1801, in-4°.

Lui-même entreprit de composer une grammaire sanscrite, dont il n'a publié que le premier volume. Il s'y proposait de faire connaître le système grammatical des auteurs des sectes réputées sacrées parmi les Hindous, surtout celui de Panini, le plus ancien. Il a terminé la préface de ce volume par une liste des grammaires sanscrites et de leurs commentaires. Cette liste est nombreuse, et prouve que la race des grammairiens n'est pas moins féconde dans l'Hindoustan qu'en Europe (1).

Dans la même intention d'instruction élémentaire, il publia et traduisit l'*Amara-kosha* (2), ou Trésor d'Amara, le vocabulaire le plus classique de la langue sanscrite, versifié comme nos racines grecques. Colebrooke en a fixé le texte d'après cinq manuscrits; il en a donné les variantes et explications, tirées d'un grand nombre de commentateurs, et il les a accompagnées d'un choix d'exemples extraits des meilleurs auteurs sanscrits.

Ce dernier genre de mérite est une source d'agréments pour les lecteurs dans son *Essai sur la poésie sanscrite et pracrite* (3). Le sanscrit a une prosodie plus riche qu'aucune

---

(1) *A Grammar of the Sanscrit Language*, vol. 1; Calcutta, 1805, in-folio. La préface de cet ouvrage a été insérée dans les Miscellaneous Essays, vol. ii, p. 35-49.

(2) *Amara-kosha, a Sanscrit Lexicon, with marginal translations;* Serimpore, 1808, in-4°. La préface a été réimprimée dans les Miscellaneous Essays, t. ii, p. 50-62. Il écrit toujours dans cette réimpression *Amera-kosha.*

(3) *Sanscrit and Pracrit Poetry*, Asiatic Researches, vol. x, p. 389-474; Calcutta, 1808, in-4°. Cet essai a été reproduit dans les Miscellaneous Essays, vol. ii, p. 165.

autre langue, et, dans ses vers, des mètres très-variés. La ver-
sification y est assujettie à des règles qui imposent des con-
traintes sévères, ou accordent de nombreuses licences. Colebrooke a fait connaître ces règles, et donné de savantes no-
tices biographiques sur les auteurs sanscrits qui en ont traité,
et sur les poëtes dont il transcrit et traduit de nombreuses
tirades. On doit placer aussi, dans l'ordre des travaux qu'il a
entrepris pour faciliter aux élèves du collége Williams la connaissance des langues sanscrites, son édition de l'*Hitopadesa*,
le plus ancien recueil d'apologues connu, celui qui a donné
naissance aux fables de Pilpay, citées par la Fontaine. Dans
les remarques préliminaires de cette édition, Colebrooke a
fait connaître les traductions qu'on a faites de cet ouvrage
en persan et en arabe (1).

La publication des textes, vérifiés, traduits et commentés,
des *inscriptions* en langues sanscrites découvertes dans diverses parties de l'Hindoustan, est un des plus importants
travaux philologiques de Colebrooke. Ces inscriptions, pour
la chronologie, l'histoire de la religion, la topographie de
l'Hindoustan, donnent, entre les XIe et XIVe siècles de notre
ère, des renseignements précieux, et sont des monuments
dont les dates et l'authenticité sont incontestables (2).

Les curieux essais de Colebrooke sur les *castes des Hin-*

----

(1) *Hitopadesa;* Calcutta, 1804, in-4°. Les *Introductory Remarks* ont été
réimprimées dans les Miscellaneous Essays, vol. ii, p. 166-176.

(2) *Translations of the Inscriptions on the Pillar at Delhi called
the Lat of Firuz shah*, Asiatic Researches, vol. vii, p. 179-182; 1801.
Miscellaneous Tracts, vol. ii, p. 232-237.

On Ancient Monuments containing Sanscrit Inscriptions, Asiatic Resear-

4.

dous (1), et sur les *devoirs d'une fidèle veuve hindoue* (2),
ont corrigé bien des erreurs répétées sans cesse dans une
foule d'ouvrages publiés en Europe. Mais ils n'étaient que
le prélude des recherches approfondies auxquelles il devait se livrer sur les sectes religieuses et les systèmes philosophiques des Hindous. La suite d'essais qu'il publia sur
ce sujet est le plus important de ses travaux sur les Hindous
et la littérature sanscrite.

Quand l'attention des savants de l'Europe se dirigea sur
l'Inde, la défiance qu'inspirèrent les brahmanes fit douter de
l'existence de ces livres sacrés, de ces Védas dont ils allé-
guaient sans cesse le témoignage. On ne renonça pas même
à ce préjugé, lorsque le colonel Pollier eut déposé une co-
pie presque complète de ces livres dans le Muséum bri-
tannique de Londres. Quand le célèbre William Jones en
traduisit quelques fragments, on soutint encore que ces livres étaient supposés. Colebrooke fut le premier qui en re-
cueillit à Bénarès des copies complètes, ainsi que de leurs

---

ches, vol. ix, p. 398-444. Miscellaneous Essays, vol. ii, p. 238-288.

Inscriptions upon Rock on South Bihar, Transactions of the Royal Asiatic
Society, vol. i, p. 201-206. Miscellaneous Essays, vol. ii, p. 289-296.

On Three Grants of Land, inscribed on Copper found at Ujjayani, from
the Transactions of the Royal Asiatic Society, vol. i, p. 230-239 et p. 462-
466. Miscellaneous Essays, t. ii, p. 297, lu le 4 décembre 1824.

On Inscriptions at Temples of the Jaina Sect in South Bihar, from the
Transactions of the Royal Asiatic Society, vol. i, p. 520-523. Miscellaneous
Tracts, t. ii, p. 315, lu le 18 novembre 1826.

(1) *Enumeration of Indian Classes,* Asiatic Researches, vol. v, p. 53
et 67; 1798. Miscellaneous Essays, vol. ii, p. 177-190.

(2) *On the Duties of a Faithful Hindu Widow,* Asiatic Researches, vol. iv,
p. 209-219; 1795. Miscellaneous Essays, vol. i, p. 114-122.

(29)

nombreux commentaires. Le premier, dans son *Essai sur les
Védas*, Colebrooke a démontré l'authenticité de ces livres.
Il a fait connaître leur nombre, les titres des sujets dont ils
traitent, les variantes nombreuses de leurs textes sur les passages fondamentaux, les doctrines, les sectes que diverses in-
terprétations de ces textes ont fait naître (1). Il a le premier
donné une idée claire (2) de la fécondité, de l'originalité su-

---

(1) *On the Vedas or Sacred Writings of the Hindus*, Asiatic Researches, vol. viii, p. 369-376 ; 1805 ; et dans les Miscellaneous Essays, vol. i,
p. 9-113.

(2) On the Religious Ceremonies of the Hindous and of the Brah-
mans especially, Miscellaneous Essays, vol. i, p. 115.

Essay i. Asiatic Researches, vol. v, p. 345-368 ; 1798. Miscellaneous
Essays, vol. i, p. 122.

—2. Asiatic Researches, vol. vii, p. 232-285 ; 1801. Miscellaneous Essays,
vol. i, p. 148-203.

—3. Asiatic Researches, vol. vii, p. 288-311 ; 1801. Miscellaneous Essays,
vol. i, p. 203-220.

On the Philosophy of the Hindus.— Part. i. *On the Sanc'hia System*,
Transactions of the Royal Asiatic Society, vol. i, p. 19-43 ; lu le 21 juin
1823. Miscellaneous Essays, vol. i, p. 227-260.

Part. 2. *On the Nyaya and Vaiseshica Systems*, Transactions of the
Royal Asiatic Society, vol. i, p. 92-118 ; lu le 21 juin 1824. Miscellaneous
Essays, vol. i, p. 261-294.

Part. 3. *On the Mimansa*, Transactions of the Royal Asiatic Society,
vol. i, p. 439-466 ; lu le 21 juin 1824. Miscellaneous Essays, vol. i,
p. 295 à 324.

Part. 4. *On the Vedanta*, Transactions of the Royal Asiatic Society,
vol. ii, p. 39 ; lu le 27 avril 1827. Miscellaneous Essays, vol. i, p. 325
à 377.

Part. 5. *On Indian Sectaries*, Transactions of the Royal Asiatic Society,

blime et bizarre, de la monstrueuse grandeur de ces conceptions religieuses et philosophiques, qui tiennent une si grande place dans l'histoire de l'entendement humain.

Il a montré que toutes les sectes qu'a enfantées le brahmanisme se fondent sur une éternelle vérité, dont le genre humain a la conscience : l'existence de deux principes, l'un matériel et périssable, l'autre immatériel et impérissable. De l'âme universelle sont émanées toutes les âmes individuelles, coéternelles, unies, dans tout ce qui a vie, au principe matériel, aux corps. Ces âmes, par des incorporations, des transmigrations successives, se souillent ou s'épurent, s'élèvent ou s'abaissent, et tendent toujours à se réunir à l'âme universelle, à s'absorber en elle. L'espace, le temps, l'infini, les mouvements des corps célestes, les cataclysmes des mondes, les phénomènes de la nature, l'intelligence de l'homme, celle des animaux, les vices, les vertus, les tourments des damnés, les délices des élus, tout a sa raison d'être, dans la foi sincère de l'Hindou au principe fondamental de sa religion. Cette religion admet le sabéisme, le polythéisme, le théisme, toutes les croyances, et n'en rejette qu'une seule, le matérialisme pur. Même lorsqu'elle s'éloigne le plus de la pensée d'un Dieu créateur, et alors qu'elle devient athée, elle est essentiellement spiritualiste. Ainsi, chez l'Hindou, les formes les plus bizarres des idoles, les plus absurdes cérémonies du culte, les plus rudes abstinences, les plus révoltants suppli-

---

vol. ii, p. 1-39; p. 549-559; lu le 3 février 1827. *Miscellaneous Essays*, vol. 1, p. 378 à 419.

Dans les *Transactions*, la partie 5 est la partie 4 de tout le traité, et la partie 4 est la partie 5. L'auteur a changé cet ordre dans les *Essays*.

(31)

ces volontairement subis, ne sont que des symboles déguisés
d'une idée abstraite, éminemment sublime et religieuse.
Cette idée fixe s'empare de l'homme tout entier : elle lui ré-
vèle tous les mystères de cette existence que l'éternité précède, que l'éternité doit suivre; et, dans ce climat brûlant,
elle exalte jusqu'au délire sa rêveuse imagination.

Colebrooke ne s'est pas contenté de faire connaître les
croyances des Hindous dans toutes les sectes qu'elles ont
produites, mais il a aussi recherché les modifications qu'elles
ont éprouvées, soit par les sectes hérétiques de la grande
réforme de Bouddha, soit par celle de Djainas, soit par les
systèmes des philosophes, soit par leur mélange avec la religion mahométane (1).

Dans son analyse des *Védas*, Colebrooke avait déterminé
la date de la composition de plusieurs de ces livres, par les
faits astronomiques qui s'y trouvent énoncés. Ses recherches
sur les poids et mesures des Hindous (2) ont été le prélude de celles auxquelles il se livra pour connaître leurs progrès dans les sciences mathématiques et physiques. Elles
donnèrent lieu à ses mémoires *sur les divisions indiennes
et arabes du zodiaque,* et *sur les notions des astronomes*

---

(1) *Observations on the Sect of Jains*, Asiatic Researches, vol. IX, p. 287-
322 ; 1807. Miscellaneous Essays, vol. II, p. 191-224.

On the Origin of Peculiar Tenets of certain Muhammedan Sects, Asiatic
Researches, vol. VII, p. 338-344; 1801. Miscellaneous Essays, vol. II, p. 225-
231. Ce mémoire a été oublié dans la liste, d'ailleurs fort exacte, que
M. Colebrooke a donnée de tous les écrits émanés de la plume de son père.

(2) *On Indian Weights and Measures,* Asiatic Researches, vol. V, p. 91-
100 ; 1798.

hindous concernant la précession des équinoxes et les mouvements des planètes (1). Toujours réservé dans ses décisions, Colebrooke reste dans le doute de savoir si c'est aux Grecs, aux Arabes ou aux Hindous que l'on doit les divisions du zodiaque; mais il démontre que les Hindous ont reçu des Grecs et des Arabes les moyens de corriger leurs observations, et qu'ils leur doivent les progrès les plus récents qu'ils ont faits en astronomie. Cependant il établit, par des preuves irrécusables, que, vers le milieu du XIIe siècle, les astronomes hindous savaient calculer la précession des équinoxes mieux qu'elle ne l'est dans Ptolémée, et lorsque les astronomes arabes et européens étaient encore divisés sur cette question, et ne songeaient pas à la soumettre au calcul.

Dans la dissertation qui précède les *Traités d'Algèbre, d'Arithmétique et de Trigonométrie, écrits en sanscrit* (2), dont Colebrooke a donné la traduction, il a fait voir que les Hindous connaissaient, à la fin du sixième siècle de notre ère, l'analyse algébrique, dont on ne rencontre point de traces chez les Arabes avant la fin du huitième siècle; et que

------

(1) *On the Indian and Arabian Divisions of the Zodiac*, vol. IX, p. 323-376; 1807. Miscellaneous Essays, vol. II, p. 321-373.— *On the Notions of Hindu Astronomers concerning the Precession of the Equinoxes and Motions of the Planets*, vol. XII, p. 209-250; 1816. Miscellaneous Essays, vol. II, p. 374-416.

(2) *Algebra, with Arithmetic and Mensuration, from the Sanscrit of Brahmegupta, and Bhascara, preceded by a Dissertation on the State of the Sciences as known to the Hindus;* London, 1817, in-4°. La dissertation a été réimprimée dans les Miscellaneous Essays, vol. II, p. 417-531.

Báshcara, l'auteur du plus récent de ces traités, a su, comme
Descartes, appliquer l'algèbre à la géométrie; qu'il a donné la
solution de problèmes indéterminés du premier et du second
degré, dont quelques-uns offraient des difficultés telles,
qu'elles n'ont été vaincues en Europe que par les grands al-
gébristes des XVIIe et XVIIIe siècles, par les Wallis, les Euler
et les Lagrange.

Quand on se rappelle que les chiffres et le mode de numé-
ration décimale, que nous tenons des Arabes, ont été donnés à
ceux-ci par les Hindous, on est peu surpris qu'ils aient précédé
les autres nations dans l'analyse algébrique; mais on s'étonne
qu'ils leur soient restés si inférieurs en astronomie. Cependant ceci s'explique facilement. La religion habitue les Hindous aux méditations abstraites, et leur fait mépriser les arts
manuels : chez eux, l'industrie et la mécanique ne firent jamais
que de très-faibles progrès. Pour s'avancer dans l'algèbre, ils
n'avaient besoin ni d'instruments perfectionnés, ni d'observations bien faites; il n'en était pas de même dans l'astronomie.
D'ailleurs, ils ne cultivèrent jamais cette science qu'en vue de
l'astrologie, et pour déterminer les époques de leurs fêtes
religieuses; leurs observations peu précises furent toujours
inférieures à leurs théories.

L'idée que Colebrooke donnait de l'astronomie chez les
Hindous était contraire à celle qu'en avaient conçue plusieurs
de ses compatriotes, et entre autres John Bentley. Colebrooke ne chercha point à critiquer les paradoxes de celui-ci,
ni à discuter les systèmes de Bailly et de plusieurs savants
célèbres, qui avaient émis des opinions contraires aux siennes.
Dans tous ses écrits, Colebrooke se contente de baser ses
recherches sur des faits incontestables et sur des raison-

5

nements qui lui paraissent solides, et il laisse au lecteur le soin de réfuter lui-même tout ce qui est contraire aux résultats qu'il a obtenus. Il trouvait que c'était assez de mettre la vérité dans tout son jour, et qu'après avoir accompli cette tâche difficile, il était inutile de se donner la peine de combattre l'erreur.

Cependant il parut, après la mort de John Bentley, un mémoire de ce partisan de l'antiquité de la science astronomique des Hindous, qui accusait Colebrooke d'imposture. Colebrooke fut obligé de repousser cette attaque; sa réponse fut accablante pour son adversaire, et elle l'eût été encore plus, si Bentley eût été vivant (1). Quoiqu'il ne l'ait jamais dit dans ce qu'il a publié, Colebrooke pensait que les Hindous, déchus depuis plusieurs siècles, avaient précédé et au moins égalé, dans leurs derniers progrès de civilisation, les peuples de l'antiquité; mais ce n'étaient pas leurs observations astronomiques qui lui donnaient cette conviction, c'étaient leurs Védas, leurs traités philosophiques, selon lui les plus anciens monuments écrits, après ceux de Moïse, qui nous soient parvenus (2).

Quand Colebrooke revint en Angleterre, il déposa dans la

---

(1) *Colebrooke's Reply to the Attack of Mr. John Bentley of Calcutta*, Asiatic Journal, March 1826, p. 360-366. Colebrooke était tellement ennemi de toute discussion, qu'il n'a point jugé à propos d'insérer cette réfutation de Bentley dans ses *Miscellaneous Essays*.

(2) Voyez la lettre à son père, datée de Rajshahi le 6 décembre 1793, dans le Journal of the Royal Asiatic Society of Great Britain and Ireland, 1839, in-8°, vol. v, p. 19.

bibliothèque de la compagnie des Indes la nombreuse collection de manuscrits sanscrits qui lui avaient servi pour ses travaux, afin qu'on pût toujours conférer sur les originaux les textes sur lesquels il avait appuyé ses recherches.

A son retour, il fut étonné de l'accroissement de population qui s'était opéré pendant sa longue absence; il s'alarma des inconvénients qui pouvaient en résulter pour le bonheur et la tranquillité de son pays. Il crut alors de son devoir de payer à sa patrie le tribut de ses méditations pour le bien public, et il composa quelques écrits sur la législation et l'économie politique, auxquels il ne mit pas son nom. Le plus considérable est un *Traité sur les obligations et les contrats* (1), où il résumait d'une manière claire et élémentaire cette partie de la législation; il publia un pamphlet sur l'*importation du blé des colonies* (2), qui avait pour objet de faire disparaître les restrictions qui s'opposaient à l'entrée des céréales en Angleterre; et enfin un très-court écrit intitulé *Utiles projets* (3). Parmi ces projets, il en est un qui, alors surtout, devait sembler bizarre, mais qui aujourd'hui mérite d'être noté, puisqu'il prouve que Colebrooke avait prédit une découverte qui ne s'est réalisée que trente ans après. Il remarque que le cultivateur ne laboure la terre qu'à l'aide des chevaux, et il calcule que l'étendue de terre cultivable nécessaire pour nourrir un seul cheval est suffisante pour nourrir cinq hommes. De là il en infère la grande quantité de terre qu'on

---

(1) *Treatise on Obligations and Contracts*, part. 1; London, 1818.

(2) *On Import of Colonial Corn*; London, 1818.

(3) *Useful Projects*, Quarterly Journal of Science and Literature, vol. VII, p. 48-55.

pourrait ajouter à celle qui sustente la population, si au lieu de chevaux on se servait d'une machine mue par la compression et l'expansion de l'air atmosphérique.

Les excursions de Colebrooke dans le domaine de l'économie politique furent de courte durée. En revenant se fixer en Angleterre, il avait entièrement renoncé aux affaires.

Lorsqu'il était à Calcutta, il ne manquait pas d'assister aux séances de la Société asiatique, qu'il présida souvent, et à laquelle il lisait ses *Mémoires ;* il fit de même à Londres pour les sociétés savantes, qui toutes l'avaient accueilli avec empressement, et principalement la Société asiatique, la Société Linnéenne, la Société de géologie, la Société astronomique, et la Société zoologique; il lut dans toutes des mémoires qui ont enrichi leurs recueils(1). Mais celle dont il suivait les séances avec le plus d'assiduité, dont les volumes renferment, après ceux des *Recherches de Calcutta,* le plus grand nombre de ses ouvrages, c'est la Société asiatique de la Grande-Bretagne et d'Irlande. Lorsqu'il présida la première assemblée générale de cette société, il chercha à démontrer que l'Asie, où la civilisation du genre humain avait pris naissance, pouvait encore contribuer à perfectionner la civilisation de l'Europe (2). « De là, dit-il, dérive la nécessité de s'enquérir de tout ce « qu'en Asie les sciences enseignent, de tout ce que les arts « pratiquent. » Lui-même avait conçu le plan de grands ou-

----

(1) Miscellaneous Essays, by H. Colebrooke, 2 vol. in-8°; London, Allen, 1837.

(2) *A Discourse read at a Meeting of the Royal Society of Great*

vrages pour l'accomplissement d'un si vaste dessein. Mais
bientôt des revers de fortune, des malheurs domestiques,
une maladie cruelle, vinrent étouffer toutes ses espérances. Il
en est ainsi d'un grand nombre d'hommes de génie dont
nous admirons la fécondité : nous croyons posséder leurs
œuvres, nous n'en avons le plus souvent que l'introduction.
Les souffrances morales ou physiques, ou une mort prématurée, nous ont ravi ce que leurs fortes têtes avaient de meilleur à produire. Triste condition que celle de l'homme, qui
n'apparaît un instant sur la terre que pour concevoir des
projets disproportionnés avec la brièveté de sa vie, et dont
les entreprises à peine commencées sont comme les portions
inachevées d'un édifice projeté, qui attestent moins ce qu'a
fait l'architecte que ce qu'il aurait pu faire !

Colebrooke s'était marié, en 1810, à la fille de M. John Wil-
kinson. Le bonheur qu'il trouva dans cette union ne fut pas de
longue durée. Un des enfants qu'elle lui avait donnés fit une
maladie, et mourut ; la mère, épuisée par les veilles et les
soins prodigués à cet enfant, succomba. Colebrooke, privé
de cette compagne chérie, ne put supporter le séjour de
l'Inde ; il revint en Angleterre en 1815 ; il n'en sortit depuis
qu'une seule fois, en 1821, pour aller au cap de Bonne-Espé-
rance visiter un domaine qu'il avait acheté. Quand il était
revenu de l'Inde en Angleterre, il n'y avait pas retrouvé son
père, mort en 1809 ; mais sa mère vivait, et il alla demeurer

---

Britain and Ireland, on the 15th of March 1823 ; Transactions of
the Royal Asiatic Society, vol. 1, xvii, xxiii ; Miscellaneous Essays,
vol. 1, p. 1-8.

avec elle à Bath , où elle avait fixé son séjour ; puis il la prit
avec lui quand il vint résider dans le voisinage de Londres. Le
grand âge de cette mère ne permettait pas qu'il la conservât
longtemps ; cependant il s'affligea de sa mort autant que si elle
n'avait pas été une nécessité de la nature. Trois fils et deux
nièces, dont il était tuteur, et qu'il chérissait comme si elles
eussent été ses filles, restaient avec lui, et lui composaient
alors une jeune et charmante famille. En moins de trois
ans la mort lui enleva ses deux nièces et deux de ses fils : à
cette époque, des pertes de fortune le menacèrent d'une
ruine totale ; une maladie de l'épine dorsale et une cécité presque complète achevèrent de l'accabler d'afflictions. Quoique
sans espoir de guérison, et malgré d'inexprimables souffrances,
il conservait toujours intactes ses facultés intellectuelles : et
ce fut alors qu'un de ses plus savants élèves, M. Frédéric
Rosen, de Berlin, lui persuada de réunir, pour former le recueil dont nous avons parlé, tout ce qu'il avait écrit sur la
littérature sanscrite et sur les sciences des Hindous. La
philosophie, sans les soulager, aurait pu le roidir contre
les maux qui l'assiégeaient ; la religion lui inspira la patience
et la résignation, et, en adoucissant les peines de l'âme, elle
allégea celles du corps. Assidu auprès de son lit, un jeune
homme de grande espérance, qui depuis longtemps l'aidait
dans tous ses travaux , lui faisait des lectures pieuses et sou-
tenait son courage. Par son savoir, ses talents, ses vertus, sa
raison supérieure, ce jeune homme exerçait avec amour, sur
le respectable et illustre vieillard, une influence chère à tous
deux. Colebrooke n'imprimait rien, ne résolvait rien sans
avoir pris son avis. L'assurance que ce jeune homme lui fer-
merait les yeux adoucissait en lui l'idée de la mort, qu'il

appelait comme sa dernière douleur. Il devait en éprouver une autre plus déchirante et plus terrible encore. Un jour, la solitude se fit près de son lit, il n'entendit plus la voix accoutumée; presque subitement le jeune homme était mort. Hélas! c'était son fils, son fils aîné, son fils de prédilection.

Un autre de ses fils traversa les mers, et arriva assez à temps de l'Inde pour donner, pendant un an encore, des soins à son père. Ce fut ce dernier survivant d'une jeune et florissante famille qui reçut les dernières confidences de Colebrooke, et qui lui ferma les yeux le 10 décembre 1837.

A toutes les qualités du cœur qui font chérir l'homme privé, Colebrooke a réuni toutes les vertus qui environnent l'homme public d'estime et de respect; il a contribué à la prospérité de son pays comme administrateur et comme magistrat, et il l'a illustré par ses écrits.

L'Académie a nommé, pour le remplacer, sir Graves Chamney HAUGHTON.